essentials

essentials liefern aktuelles Wissen in konzentrierter Form. Die Essenz dessen, worauf es als „State-of-the-Art" in der gegenwärtigen Fachdiskussion oder in der Praxis ankommt. *essentials* informieren schnell, unkompliziert und verständlich

- als Einführung in ein aktuelles Thema aus Ihrem Fachgebiet
- als Einstieg in ein für Sie noch unbekanntes Themenfeld
- als Einblick, um zum Thema mitreden zu können

Die Bücher in elektronischer und gedruckter Form bringen das Fachwissen von Springerautor*innen kompakt zur Darstellung. Sie sind besonders für die Nutzung als eBook auf Tablet-PCs, eBook-Readern und Smartphones geeignet. *essentials* sind Wissensbausteine aus den Wirtschafts-, Sozial- und Geisteswissenschaften, aus Technik und Naturwissenschaften sowie aus Medizin, Psychologie und Gesundheitsberufen. Von renommierten Autor*innen aller Springer-Verlagsmarken.

Weitere Bände in der Reihe https://link.springer.com/bookseries/13088

Thomas Holtfort

Evolutorische Finanzökonomie

Ein Plädoyer für eine neue
Sichtweise der Finanzmärkte und
ihrer Institutionen

Thomas Holtfort
FOM Hochschule für Oekonomie &
Management
Essen, Deutschland

ISSN 2197-6708   ISSN 2197-6716   (electronic)
essentials
ISBN 978-3-658-36093-1   ISBN 978-3-658-36094-8   (eBook)
https://doi.org/10.1007/978-3-658-36094-8

Die Deutsche Nationalbibliothek verzeichnet diese Publikation in der Deutschen Nationalbibliografie; detaillierte bibliografische Daten sind im Internet über http://dnb.d-nb.de abrufbar.

Planung/Lektorat: Vivien Bender
Springer Gabler ist ein Imprint der eingetragenen Gesellschaft Springer Fachmedien Wiesbaden GmbH und ist ein Teil von Springer Nature.
Die Anschrift der Gesellschaft ist: Abraham-Lincoln-Str. 46, 65189 Wiesbaden, Germany

Was Sie in diesem *essential* finden können

- Einen historischen Überblick verschiedener Finanztheorien und -ansätze
- Eine Darstellung bisheriger Ansätze zur Evolutorischen Finanzökonomie
- Weiterer Transfer biologischer/darwinistischer Begriffe und Modelle auf den Finanzmarkt
- Relevanz der Evolutorischen Finanzökonomie für Institutionen

Geleitwort

In dem vorliegenden Beitrag *Evolutorische Finanzökonomie: ein Plädoyer für eine neue Sichtweise der Finanzmärkte und ihrer Institutionen* widmet sich Herr Prof. Dr. Thomas Holtfort vom FOM Hochschulzentrum Bonn der Frage, wie sich biologische Konzepte und Denkweisen auf finanzökonomische Fragestellungen übertragen lassen.

In diesem Zusammenhang greift er bestehende Finanzmarktkonzepte auf, um sie mithilfe biologischer bzw. darwinistischer Modelle zu erweitern. Durch seine fundierte Analyse gelingt es ihm, Ergebnisse von zwei bisher weitgehend unabhängig voneinander betrachteten Themenfeldern zusammenzuführen und somit die akademische Finanzlehre durch eine differenzierte Perspektive und neue Lösungsmuster weiter zu entwickeln.

Ich wünsche der Publikation eine breite Wahrnehmung und bin mir sicher, dass sie den wissenschaftlichen Diskurs bereichern wird.

Prof. Dr. Thomas Heupel
Prorektor für Forschung
FOM Hochschule für Oekonomie &
Management

Vorwort

Dieses Buch beschäftigt sich mit dem Thema der evolutorischen Finanzökonomie, ein Begriff, der so in seiner Prägung neu ist. Ausgehend von bisherigen Finanztheorien bzw. –ansätzen (wie z. B. die Effizienzmarkttheorie oder der verhaltensökonomische Behavioral Finance Ansatz), beleuchtet es den Zusammenhang zwischen einerseits biologischen bzw. darwinistischen Begriffen und Konzepten und andererseits finanzökonomischen Fragestellungen. Das Ziel besteht darin, eine neue Sichtweise für die Betrachtung von Finanzmarktprozessen und ihren institutionellen Teilnehmern aufzuzeigen. Ebenso besteht durch das Konzept der evolutorischen Finanzökonomie die Chance, die Barrieren zwischen der klassischen Finanztheorie (Kapitalmarkttheorie) und Behavioral Finance in einer Synthese zu überwinden.

Das Buch geht bei der Bearbeitung der Thematik folgendermaßen vor: In einem ersten Schritt wird eine Übersicht und Abgrenzung verschiedener Finanzmarktkonzepte vorgenommen. Anschließend werden die Evolutionsökonomik und deren Einfluss auf den Finanzmarkt dargestellt sowie erste bisherige Denkansätze zur evolutorischen Finanzökonomie skizziert. Abschließend erörtert der Autor wichtige biologische bzw. darwinistische Konzepte und überträgt diese auf Finanzmarktprozesse und deren institutionelle Teilnehmer (z. B. Investoren, Banken oder die Finanzaufsicht).

Durch die Verknüpfung von Biologie und Ökonomie wird bewusst beabsichtigt, die Perspektiven der Finanzökonomie allgemein sowie die damit verbundene akademische Lehre zu erweitern bzw. in einem neuen Rahmen zu sehen.

Rösrath   Prof. Dr. Thomas Holtfort
im Juli 2021

Inhaltsverzeichnis

Abkürzungsverzeichnis

CAPM	Capital Asset Pricing Model
DNA	Desoxyribonukleinsäure
et aliter	und andere
ICO	Initial Coin Offering
NIÖ	Neue Institutionenökonomie
s.	siehe
S.	Seite
SIB	Social Impact Bond
u. a.	unter anderem
usw.	und so weiter
Vgl.	vergleiche
z. B.	zum Beispiel

Abbildungsverzeichnis

Einleitung 1

1.1 Problemstellung und Relevanz der Thematik

Die verschiedenen Krisen in den letzten Dekaden (wie die dot.com Blase, die Finanzkrise oder die nachfolgende europäische Verschuldungskrise) haben den enormen Einfluss der Finanzmärkte auf die globale Wirtschaft deutlich gemacht. Vor diesem Hintergrund ist die traditionelle Finanztheorie, basierend auf der Effizienzmarkttheorie von Fama[1] und dem Konstrukt des Homo Oeconomicus[2], nicht nur krisenbedingt, sondern auch aus empirischen Gründen[3] massiv in die Kritik geraten. Es scheint, als bräuchte die Wissenschaft einen neuen Weg des Denkens, wie Finanzmärkte und deren Teilnehmer funktionieren. Die Vermutung könnte aufgrund bestehender Dynamiken naheliegen, dass der Markt und seine Entscheidungsträger besser mithilfe biologischer denn physikalischer[4] Konzepte zu beschreiben sind und die Börse demnach eher ein Ort ist, welcher lebende Organismen (Investoren) umfasst, die täglich um das Überleben ihres Kapitals kämpfen bzw. deren Strategien in einem gegenseitigen Wettbewerb stehen[5]. Der Kapitalmarkt beinhaltet somit Prinzipien der Evolution wie Wettbewerb, Innovation, Selektion, Mutation und Adaption. Daraus abgeleitet, müssen Marktpreise

---

[1] Vgl. Fama, E. (1970).

[2] Siehe exemplarisch Kirman, A. (2010).

[3] Vgl. bspw. Campbell, J. (2000) und Hirshleifer, D. (2001).

[4] So basiert die traditionelle Finanztheorie eher auf den Gesetzen des Gleichgewichts gemäß Newton. Märkte tendieren demnach immer zu einem Gleichgewichtszustand (siehe dazu auch die Neoklassische Theorie).

[5] Dieser permanente Wettbewerb führt eher zu Ungleichgewichten an den Märkten.

© Der/die Autor(en), exklusiv lizenziert durch Springer Fachmedien Wiesbaden GmbH, ein Teil von Springer Nature 2021
T. Holtfort, *Evolutorische Finanzökonomie*, essentials,
https://doi.org/10.1007/978-3-658-36094-8_1

auch nicht permanent alle verfügbaren Informationen eskomptieren, sondern können von Zeit zu Zeit, aufgrund von menschlicher Furcht oder Gier, auch von den rationalen Preisen abweichen. Ebenso müssen deshalb Renditen auf dem Kapitalmarkt nicht alle Risiken einpreisen. Die erkenntnisleitende Schlussfolgerung aus dem Gesagten ist, dass unsere Gedanken mehr in Richtung einer evolutorischen Finanztheorie gehen sollten.

1.2   Zielsetzung

Das vorliegende Buch möchte deshalb einen Beitrag leisten, evolutorisches Denken in der Ökonomie und vor allem am Kapitalmarkt weiter voranzubringen. So ist es wichtig zu verstehen, wie die Betrachtung des Kapitalmarktes sich über die Jahrzehnte aus Sicht der ökonomischen Welt weg von einem rein mechanistischen hin zu einem stärker psychologischen Ansatz verändert hat. Des Weiteren muss die Relevanz biologischer und darwinistischer Konzepte zur Erklärung von Kapitalmarktverhalten sowie deren Auswirkungen auf verschiedene Ebenen (Finanzmarkt, Investor, Unternehmen/Finanzintermediäre oder Aufsicht) stärker in den Vordergrund gerückt werden.

1.3   Vorgehensweise

Die Struktur des Buches ist dabei folgendermaßen angeordnet: In Kap. 2 werden verschiedene Denkschulen der Finanzökonomie der letzten Jahrzehnte vorgestellt und gegeneinander abgegrenzt. Hierbei soll auch deutlich gemacht werden, dass der Begriff der Rationalität am Kapitalmarkt sich im Laufe der Zeit verändert hat und im Sinne eines evolutorischen Ansatzes neu interpretiert werden muss.

Kap. 3 fasst bisherige Erkenntnisse und Modelle zur evolutorischen Finanzökonomie zusammen. Ausgehend von der Denkschule der evolutorischen Ökonomie sollen Finanzmarktprozesse und -innovationen in einem neuen Rahmen interpretiert werden.

Biologische und darwinistische Konzepte und deren Transfer auf den Finanzmarkt werden in Kap. 4 erläutert. Anschließend erfolgt eine Bewertung der evolutorischen Finanzökonomie für relevante Teilnehmergruppen des Finanzmarktes. Kap. 5 zieht ein Fazit, indem die wichtigsten Erkenntnisse zusammengefasst werden und schließt mit einem Ausblick.

Historischer Überblick der Betrachtungsweise des Kapitalmarktes

2

2.1 Neoklassik, traditionelle Finanztheorie und Homo Oeconomicus

Das Postulat, welches die Finanzmärkte seit den 1960er Jahren dominiert hat und dem neoklassischen Gedankengut entlehnt wurde, ist die Effizienzmarkthypothese von Fama[1]. Die Grundlage dieser Theorie, welche auch einen großen Einfluss auf Investment- und Finanzierungsentscheidungen hatte, basiert auf drei theoretischen Argumenten[2]: Die erste Annahme ist, dass Investoren rational sind und Wertpapiere am Markt rational bewertet werden. Die zweite Annahme basiert auf der Idee, dass jeder Investor sorgfältig Notiz von den verfügbaren Informationen nimmt, bevor er Investmententscheidungen trifft. Das dritte Prinzip besagt, dass der Entscheidungsträger immer ein Eigeninteresse verfolgt. Fama wies bereits darauf hin, dass, wenn Wertpapiermärkte von gut informierten, rationalen Anlegern durchdrungen wären, die Anlagen angemessen bewertet und die verfügbaren Informationen widerspiegeln würden[3] (dies wurde auch schon von Hayek festgestellt, wonach der Preis Sender und Empfänger von Informationen ist[4]).

Die Effizienzmarkthypothese unterscheidet drei verschiedene Ebenen[5]: die schwache, halb-strenge und strenge Form von Markteffizienz, abhängig von variierenden Informationsständen. Die schwache Form der Markteffizienz besagt,

---

[1] Vgl. Fama, E. (1965, 1970).
[2] Siehe dazu Malkiel, B. (1992); Nik, M./Maheran, M. (2009); Sewell, M. (2012).
[3] Vgl. Fama, E. (1965).
[4] Vgl. Hayek, F. (1945).
[5] Vgl. Fama, E. (1970).

© Der/die Autor(en), exklusiv lizenziert durch Springer Fachmedien Wiesbaden GmbH, ein Teil von Springer Nature 2021
T. Holtfort, *Evolutorische Finanzökonomie*, essentials,
https://doi.org/10.1007/978-3-658-36094-8_2

dass sich die relevanten Informationen in allen aktuellen und vergangenen Preisen widerspiegeln. Diese Version der Hypothese impliziert, dass technische Analyse wenig nützlich ist. Die halb-strenge Form der Markteffizienz bedeutet, dass der Markt in Bezug auf alle öffentlich verfügbaren Informationen effizient ist. Neben den Preisen in der Vergangenheit sind daher grundlegende Daten wie das Produktportfolio des Unternehmens, die Zusammensetzung der Bilanz, die Rechnungslegungspraktiken und die Qualität des Managements in den aktuellen Preisinformationen enthalten. Somit bietet die Fundamentalanalyse in dieser Kategorie keinen Mehrwert. Schließlich besteht die strenge Form der Markteffizienz darin, dass die Aktienkurse alle für das Unternehmen relevanten Informationen widerspiegeln, einschließlich der Informationen, die nur Insidern von Unternehmen zur Verfügung stehen.

Zahlreiche wegweisende klassische finanzwirtschaftliche Modelle, wie die Portfolio-Selection-Theorie von Markowitz[6], das Capital Asset Pricing-Modell (CAPM) von Sharpe und Lintner[7] sowie die von Black/Scholes und Merton vorgeschlagene Option-Pricing-Theorie[8], basieren auf dem Konstrukt des rationalen Agenten (Homo Oeconomicus), dessen Ursprung sich in der Neoklassik wiederfindet. Demnach sammelt und verarbeitet er alle verfügbaren Informationen, die für eine Entscheidung relevant sind, und kann so die beste Wahl für sich treffen[9]. Die Effizienzmarkthypothese ist ebenfalls eng mit dem Konzept des ‚Random Walk' verbunden, was bedeutet, dass alle nachfolgenden Preisänderungen zufällige Abweichungen von vorherigen Preisen darstellen. Die Logik der Random-Walk-Idee lautet: Wenn der Informationsfluss uneingeschränkt ist und sich Informationen sofort in den Aktienkursen niederschlagen, spiegelt die Preisänderung von morgen nur die Nachrichten von morgen wider und ist unabhängig von den heutigen Preisänderungen. Die Nachrichten sind jedoch per definitionem unvorhersehbar, und folglich müssen auch die daraus resultierenden Preisänderungen unvorhersehbar und zufällig sein[10].

Die Dominanz der Effizienzmarkthypothese in Forschung und Praxis, welche schnell in Frage gestellt wurde[11], aber durch Fama auch unmittelbar theoretische Rechtfertigung fand[12], erfährt seit Beginn des 21. Jahrhunderts verstärkte

---

[6] Vgl. Markowitz, H. (1952).

[7] Vgl. Sharpe, W. (1964) und Lintner, J. (1965).

[8] Vgl. Black, F./Scholes, M. (1973); Merton, R. (1973).

[9] Siehe dazu Baltussen, G. (2009).

[10] Vgl. Fama, E. (1965, 1970).

[11] Siehe z. B. LeRoy, S. (1976).

[12] Vgl. Fama, E. (1976, 1991).

Kritik. Viele Finanzinvestoren, Ökonomen und Statistiker glauben, dass Aktienkurse zumindest teilweise vorhersagbar sind[13]. Die Ansicht nimmt zu, dass psychologische und verhaltensbezogene Elemente der Aktienkursbestimmung vermehrt relevant sind und somit künftige Aktienkurse bis zu einem gewissen Grad aufgrund von Preismustern der Vergangenheit bestimmbar sind[14]. Diese vorhersagbaren Muster ermöglichen es den Anlegern daher, risikobereinigte Überrenditen zu erzielen.

Trotz der zunehmenden Kritik an der Effizienzmarkthypothese ist sie heute immer noch akzeptiert und für die Erklärung von Kursbewegungen relevant, wie die Verleihung des Nobelpreises an Fama im Jahr 2013 zeigt[15]. Bevor die Kritik am Rationalitätskonzept, und damit verbunden an der Figur des Homo Oeconomicus, mit dem Behavioral Finance Ansatz genauer analysiert wird, soll zunächst der Fokus auf einen weiteren kritischen Punkt der traditionellen Finanztheorie/Neoklassik gelegt werden. Diese postulieren, dass institutionelle Rahmenbedingungen (z. B. Finanzintermediäre) als exogen angesehen werden müssen und somit ihre Entwicklung nicht näher zu beleuchten ist[16].

2.2 Neue Institutionenökonomie, Bounded Rationality und Informationsasymmetrien

Die Neue Institutionenökonomie (NIÖ) lässt sich auf Coases Aufsatz „The nature of the firm" zurückführen[17], obwohl der Begriff NIÖ erst 1975 von Williamson geprägt wurde[18]. Die NIÖ steht für eine Sichtweise der Wirtschaft, welche versucht, die neoklassische Theorie im Hinblick auf einen stärkeren Fokus ggü. sozialen bzw. rechtlichen Normen, Regeln und Organisationen (auch Institutionen genannt, welche die Grundlage für wirtschaftliche Aktivität bilden) zu erweitern[19]. So sind Transaktionskosten, die sich aus asymmetrischen Informationen, begrenzter Rationalität (bounded rationality) und Opportunismus ergeben, ein zentrales Forschungsthema der NIÖ. Diese Rahmenbedingungen wiederum führen bei Wirtschaftssubjekten zu negativer Selektion und moral

---

[13] Siehe dazu Statman, M. (1997); Shefrin, H. (2000); Shiller, R. (2000a, b).

[14] Vgl. Malkiel, B. (2003), Asness, C. et al. (2013).

[15] Siehe dazu Fama, E. (2014).

[16] Siehe bspw. Coase, R. (1998).

[17] Vgl. Coase, R. (1937).

[18] Vgl. Williamson, O. (1975).

[19] Vgl. Schmidt, R. (1981); Hayek, F. (1994).

hazard (Trittbrettverhalten), womit erklärt werden kann, wie und warum Institutionen entstehen[20].

Der Transaktionskostenansatz (1991 und 2009 mit dem Nobelpreis jeweils für Coase und Williamson ausgezeichnet) und andere wichtige Konzepte der NIÖ, wie die Prinzipal-Agent-Theorie[21] oder die Property-Rights-Theorie[22] sind heutzutage in fast allen Wirtschaftsbereichen zu finden (z. B. Marketing, Kapitalmärkte und Finanzierung, Unternehmensführung, Organisation und Personalwesen)[23]. In Bezug auf die Funktionsweise von Finanzmärkten liefern NIÖ-Ansätze Erklärungen für eine Reihe von Prozessen und Strukturen realer Finanzmärkte, die die traditionelle Finanztheorie weder vollständig noch teilweise erklären konnte: Prominentestes Beispiel sind Finanzintermediäre (z. B. Banken, Versicherungen oder Private Equity Fonds), die in der neoklassischen Sichtweise keinen Platz finden[24]. Im Gegensatz dazu führt die NIÖ die wegweisende Erkenntnis ein, dass Transaktionskosten und insbesondere Informations-asymmetrien zwischen den Wirtschaftssubjekten die Existenz von zwischengeschalteten Institutionen erklären können[25].

Wie die neoklassische Theorie stützt sich die NIÖ weiterhin auf die Annahmen des methodischen Individualismus und des rationalen Handelns[26]. Die Annahme der Rationalität ist aber abgeschwächter[27], da der Mensch als ein Akteur gesehen wird, der versucht rational zu handeln, aber nur über begrenzte Rationalität verfügt[28]. Kritik am NIÖ-Ansatz, insbesondere im Zusammenhang mit dem Konzept der begrenzten Rationalität, kommt von Langlois[29]. Er unterstellt diesem Konzept, dass es den Wirtschaftssubjekten als Teil des Wirtschaftssystems, in dem sie tätig sind, nicht ausreichend Aufmerksamkeit schenkt. Weitere Kritik kommt von Streit[30], der feststellt, dass Simons Konzept die menschliche Kreativität vernachlässigt. Es wird argumentiert, dass Erkenntnis nicht nur ein Prozess

---

[20] Siehe dazu Simon, H. (1955); Akerlof, G. (1970); Jensen, M./Meckling, W. (1976); Williamson, O. (1996).

[21] Siehe bspw. Ross, S. (1973); Jensen, M./Meckling, W. (1976); Spremann, K. (1988).

[22] Siehe bspw. Alchian, A./Demsetz, H. (1972).

[23] Siehe z. B. Ebers, M./Gotsch, W. (1999); Richter, R./Furobotn, E. (2003).

[24] Vgl. Campbel, T.l/Kracaw, W. (1980).

[25] Vgl. Benston, G./Smith, C. (1976); Leland, H./Pyle, D. (1977).

[26] Vgl. Furubotn, E./Richter, R. (2000).

[27] Siehe bspw. North, D. (1978).

[28] Vgl. Simon, H. (1955).

[29] Vgl. Langlois, R. (1986).

[30] Vgl. Streit, M. et al. (1997).

ist, bei dem nach neuen Informationen über Veränderungen in der Umwelt gesucht wird, sondern auch ein Prozess, durch den neue Handlungsmöglichkeiten geschaffen werden. Beiden Kritikpunkten ist gemeinsam, dass sie die Perspektive eines rational agierenden Agenten und damit auch das Konzept der Rationalität erweitern. Während die NIÖ immer noch am Postulat der Rationalität festhält (wenn auch eingeschränkt), wendet sich der verhaltensökonomische Behavioral Finance Ansatz von dieser Annahme ab und entfernt sich damit weiter von der neoklassischen Theorie bzw. der traditionellen Finanztheorie.

2.3 Verhaltens- und Neuroökonomie, Behavioral Finance und Neurofinance

Seit den frühen 1980er Jahren gibt es eine starke Tendenz, mehr Verhaltensforschung in die Finanztheorie einzubeziehen[31]. Die Befürworter des Behavioral Finance Ansatzes heben verschiedene Auffälligkeiten (Verhalten der Marktteilnehmer und Preisanomalien[32]) hervor, in denen die Realität der Hypothese eines effizienten Marktes zu widersprechen scheint. Infolgedessen schlägt die Verhaltensökonomie[33] vor, Erkenntnisse aus Verhaltenswissenschaften wie Psychologie und Soziologie in die Finanzwelt zu übertragen. Behavioral Finance basiert auf dem Begriff der begrenzten Rationalität (aber in einem stärkeren Sinne als im Rahmen der NIÖ), bei dem ein Wirtschaftssubjekt eine modifizierte Version der rationalen Wahl verwendet. Diese berücksichtigt die Grenzen von Wissen, kognitiven Verzerrungen (cognitive biases) und emotionalen Faktoren (z. B. Gier und Angst)[34].

---

[31] Siehe bspw. DeBondt, W./Thaler, R. (1985, 1987, 1989); Shefrin, H./Statman, M. (1985); Camerer, C. (1989); Jegadeesh, N./Titman, S. (1993).

[32] Preis- bzw. Marktanomalien beschreiben Renditen, welche systematisch höhere Werte erzielen als es mit dem CAPM vereinbar wäre und sind somit ein Hinweis auf die Ineffizienz von Kapitalmärkten. Beispiele sind der Turn-of-the-month Effekt, Halloween Effekt, Momentum Effekt oder Winner-Loser Effekt.

[33] Diese wurde Anfang der 1970er Jahre durch die Forschungsarbeiten von Kahneman/Tversky begründet, siehe z. B. Kahneman, D. (2011). Die Verhaltensökonomie beschäftigt sich vordergründig mit der Frage, wie Wirtschaftssubjekte in der Realität Entscheidungen treffen.

[34] Vgl. Barberis, N./Thaler, R. (2003).

Literatur zur Psychologie im Allgemeinen und zu Behavioral Finance im Besonderen hebt hervor[35], dass wirtschaftliches Verhalten oft besser durch einfache heuristische Regeln[36] und Rahmeneffekte[37] als durch rationale Optimierung erklärt werden kann. Nach Roßbach[38] lassen sich diese sogenannten Verhaltensanomalien wie folgt unterscheiden:

- Anomalien in der Informationswahrnehmung (z. B. selektive Wahrnehmung, Verfügbarkeit),
- Anomalien in der Informationsverarbeitung (z. B. Verankerung, Verlustaversion),
- Anomalien bei der Entscheidungsfindung (z. B. Repräsentativität, Selbstüberschätzung).

Für das Verhalten auf dem Finanzmarkt ist z. B. die selektive Wahrnehmung nach einem Wertpapierkauf relevant. Investoren neigen dazu, Informationen, welche den Kauf nicht unterstützen, gedanklich wegzuselektieren und umgekehrt[39]. Hintergrund ist die Vermeidung von kognitiven Dissonanzen[40]. Die Verfügbarkeitsheuristik beschreibt die Bewertung von Informationen oder die Wahrscheinlichkeit von Ereignissen anhand der Leichtigkeit (Abrufflüssigkeit), mit der relevante Informationen in den Sinn kommen[41]. So werden z. B. auffallende und dramatische Ereignisse (bspw. Finanzkrisen) in der Zukunft meistens überbewertet.

Verankerung ist ein verhaltenswissenschaftliches Phänomen, bei dem sich Personen im Rahmen der Abgabe von Prognosen bzw. Schätzungen zu stark an einem belanglosen Ankerwert[42] orientieren bzw. diesen zu langsam anpassen[43]. Am Finanzmarkt wirken häufig vorgegebene Kursziele von Finanzanalysten oder

---

[35] Hier sind vor allem die grundlegenden Ergebnisse der Laborexperimente von Kahneman, D./Tversky, A. (1973, 1974, 1979, 1981, 1984, 2011) sowie die Arbeiten von DeBondt, W./Thaler, R. (1985, 1987, 1989) zu nennen.

[36] Heuristiken sind Faustregeln, die zu einer schnellen, aber häufig suboptimalen Entscheidung führen.

[37] Rahmeneffekte (Framing) stehen für die Relevanz der Darstellung eines Sachverhalts (z. B. kann ein Sachverhalt positiv oder negativ formuliert werden).

[38] Vgl. Roßbach, P. (2001).

[39] Siehe dazu bspw. Oehler (1992).

[40] Vgl. Festinger (1957).

[41] Vgl. Tversky, A./Kahneman, D. (1973).

[42] Dieser Anker kann z. B. für die letzten vier Ziffern einer Telefonnummer stehen.

[43] Vgl. Tversky, A./Kahneman, D. (1974).

Preischarts als Anker. Die Verlustaversion ist ein Rahmeneffekt, bei dem Personen Verluste ca. zwei- bis dreimal so stark bewerten wie entsprechende Gewinne.[44] Die Repräsentativitätsheuristik ist ein Urteil, welches auf Stereotypen beruht. Demnach ist die Repräsentativität hoch, wenn eine Beobachtung gut zu einem bestimmten Muster passt[45]. So wird bspw. von Fonds, die in einem Ranking (z. B. der letzten 5 Jahre) zu den besten 10 % gehören, erwartet, dass sie auch in den nächsten Jahren dort oben stehen[46]. Overconfidence (Selbstüberschätzung) ist ein Phänomen, wonach Menschen ihr Wissen und ihre kognitiven Fähigkeiten überbewerten[47]. Investoren, die einem solchen Sachverhalt unterliegen, neigen zu hohem Tradingvolumen und schwach diversifizierten Portfolios[48].

Die Verhaltensökonomie bzw. der Behavioral Finance Ansatz sind Ende der 1990er Jahre mit der Methodik und den Erkenntnissen der Neuroökonomie weiterentwickelt worden[49]. Während die Verhaltensökonomie danach fragt, wie Wirtschaftssubjekte Entscheidungen in der Realität treffen (Verhaltensbeobachtung), möchte die Neuroökonomie wissen, auf welche Art und Weise (also durch Beobachtung der beteiligten Gehirnareale) diese Entscheidungen getroffen werden. Die Methodik derer sich hierbei bedient wird, ist die bildgebende funktionale Magnetresonanztomographie[50]. Diese stellt die Stoffwechselaktivität von Hirnrealen durch die Messung der magnetischen Eigenschaften von sauerstoffreichem und sauerstoffarmem Blut dar.

Durch diese Erweiterung der methodischen und empirischen Möglichkeiten, hat sich mit dem Neurofinance Ansatz eine neue Forschungsrichtung zur Analyse der emotionalen Hintergründe des Investorenverhaltens entwickelt[51]. So zeigen Studien, dass der Verlust oder Gewinn von Geld nicht nur ein finanzielles oder psychologisches Ereignis darstellen, sondern auch eine biologische Veränderung

---

[44] Siehe dazu auch die Prospect Theory von Kahneman/Tversky (1979). Demnach werden von Investoren noch nicht realisierte Verluste kaum umgesetzt, da die Hoffnung die Verluste wieder zu verringern überwiegt.

[45] Vgl. Shefrin, H. (2000).

[46] In der wissenschaftlichen Literatur lässt sich jedoch der return-to-the-mean effect feststellen, da die Fonds in den Folgejahren zwar immer noch überdurchschnittlich performen, aber dennoch eine Tendenz zum Mittelwert entwickeln, siehe dazu Murstein, B. (2003).

[47] Vgl. Chou/Wang (2011).

[48] Siehe bspw. Odean, T. (1999); Barber, B./Odean, T. (2002); Goetzmann, W./Kumar, A. (2008).

[49] Siehe z. B. Schilke, O./Reiman, M. (2007).

[50] In den Anfängen der Neuroökonomie wurden psychophysiologische Verfahren (z. B. Messung der Pupillenerweiterung oder Blutdruckmessung, also ohne Bildgebung) angewandt.

[51] Siehe dazu auch Holtfort, T. (2013).

mit tief greifenden physischen Auswirkungen für Gehirn und Körper[52]. Auch konnte gezeigt werden, dass die neuronalen Aktivitäten eines Investors, welcher mit seinen Investitionen Geld verdient, denen einer Person im Kokainrausch gleichen[53].

2.4 Evolutorische Ökonomie (Wandel, Wissen und Innovation) und Evolutionary Finance (Dynamik, Selektion und Mutation)

In den letzten drei Jahrzehnten hat die vom evolutorischen Denken inspirierte Wirtschaftsforschung stark zugenommen[54]. Insbesondere die Publikation "An evolutionary theory of economic change" von Nelson/Winter[55] übernahm eine grundlegende Sichtweise. Nelson und Winter äußern dabei erhebliche Einwände gegen die neoklassische Ansicht von Marktgleichgewichten und Gewinnmaximierung der Wirtschaftssubjekte[56] und fokussieren ihre Kritik auf die grundlegende Frage, wie sich Unternehmen und Branchen im Laufe der Zeit verändern[57].

Darüber hinaus entlehnen sie das Konzept der natürlichen Selektion aus der Biologie, um eine präzise und detaillierte Evolutionstheorie des unternehmerischen Verhaltens zu erstellen und konnten so Modelle der Wettbewerbsdynamik von Unternehmen unter wachstums- und technologiebedingten Veränderungen entwickeln[58]. Ein Hauptbegriff innerhalb des evolutionären Ansatzes von Nelson und Winter ist das Konzept der „Routinen", welches seinerseits 1) die Annahme einer Regel durch einen Informationsträger (z. B. Mitarbeiter in einem Unternehmen, die Wissen generieren) und 2) die Beibehaltung der Regel für wiederkehrende Operationen beinhaltet[59]. Infolgedessen kann dieses spezielle Wissen in

---

[52] Vgl. Zweig, J. (2007).

[53] Hier ist das so genannte Belohnungssystem (Nucleus Accumbens) innerhalb des limbischen Systems aktiv. Durch die Ausschüttung von Glückshormonen (Dopamin) fühlt sich die Person belohnt.

[54] Siehe bspw. Mirowsk, P.i (1983); Winter, S. (1987); Rosenberg, A. (1994); Witt, U. (1999, 2003, 2004, 2008); Hodgson, G. (2004); Shiozawa, Y. (2004); Aldrich, H. et al. (2008).

[55] Vgl. Nelson, R./Winter, S. (1982).

[56] Von daher lässt sich die evolutorische Ökonomie, ähnlich wie die NIÖ, nicht der Mainstream-Ökonomie zuordnen.

[57] Vgl. Nelson, R./Winter, S. (1982).

[58] Vgl. Nelson, R./Winter, S. (2002).

[59] Vgl. Nelson, R./Winter, S. (1982); Herrmann-Pillath, C. (2002); Dopfer, K. (2007).

Unternehmen zu Wettbewerbsvorteilen und dynamischen Verdrängungsprozessen führen.

Die Grundlagen des evolutorischen ökonomischen Denkens finden sich dabei schon viel früher (vor allem in den Beiträgen zur Austrian Economic School), insbesondere in den Werken von Menger[60], Veblen[61], Marshall[62], Schumpeter[63], Mises[64] und Hayek[65], die bereits in ihren Arbeiten wichtige Grundkonzepte der evolutorischen Ökonomie erläuterten. Menger[66] gilt als Begründer der österreichischen Schule, die eine heterodoxe Meinung zur klassischen Wirtschaftstheorie vertrat und sich auf die Idee der evolutionären Schaffung von Wissen sowie die Berücksichtigung der dynamischen Unsicherheit wirtschaftlicher Prozesse konzentrierte. Es war Veblen[67], der den Begriff „Evolutionsökonomie" in die Disziplin einführte und er erkannte die grundlegende Tatsache an, dass die Natur der modernen Wirtschaft am angemessensten mit Bezug zur Dynamik erfasst werden kann. Marshall[68] betonte die Bedeutung der Evolutionsbiologie für die Wirtschaft, während Schumpeter[69] den Rivalitätscharakter von Wettbewerbsprozessen, die evolutorische Bedeutung von Innovationen und den Moment des „kreativ zerstörerischen Unternehmers" in den Mittelpunkt seiner Überlegungen stellte. Mises[70], der die Tradition der österreichischen Menger-Schule fortsetzte, wies auf die Notwendigkeit eines dezentralen Informationssystems hin, welches für das Funktionieren der Märkte von entscheidender Bedeutung ist und verneinte daher eine zentrale Planung. Schließlich sah Hayek[71], in Kontinuität der österreichischen Schule, die Essenz der modernen Marktwirtschaft in der ausgeprägten Komplexität, beschleunigten Evolution und ungleichen Wissensverteilung.

Zusammenfassend kann gesagt werden, dass sich die Evolutionsökonomie im Wesentlichen mit Umwandlungsprozessen wie dem Strukturwandel (z. B. einer Branche), dem technologischen Wandel (z. B. aufgrund von Substitution),

---

[60] Vgl. Menger, C. (1871).
[61] Vgl. Veblen, T. (1898).
[62] Vgl. Marshall, A. (1898).
[63] Vgl. Schumpeter, J. (1911).
[64] Vgl. Mises, L. (1940).
[65] Vgl. Hayek, F. (1945).
[66] Vgl. Menger, C. (1871, 1883).
[67] Vgl. Veblen, T. (1898).
[68] Vgl. Marshal, A.l (1898).
[69] Vgl. Schumpeter, J. (1911, 1942).
[70] Vgl. Mises, L. (1940, 1949).
[71] Vgl. Hayek, F. (1945, 1973).

dem institutionellen Wandel (z. B. neuen Regeln) oder der allgemeinen wirtschaftlichen Entwicklung beschäftigt. Trotzdem gibt es, wie bereits aufgezeigt, unterschiedliche Ansätze bzw. Denkschulen der Evolutionsökonomie[72]. Allen Ansätzen ist aber dennoch das Verständnis nach den Grundprinzipien von wirtschaftlichem Wandel gemein[73]. Witt[74] betont in diesem Zusammenhang, dass der Begriff *evolutionär* von verschiedenen Forschungsrichtungen unterschiedlich interpretiert wird (z. B. Konzepte aus der Evolutionsbiologie, Konzept der Pfadabhängigkeit, Selbstorganisation komplexer Systeme oder institutionell-kultureller Wandel), aber es einen gewissen Grad an Einheit in den folgenden Grundelementen gibt: Fokus auf wirtschaftliche Dynamik als fortlaufender Prozess, zeitliche Pfadabhängigkeit (wirtschaftliche Entwicklung wird von der Vergangenheit beeinflusst) und Erklärung von Innovationen und deren Verbreitung.

Während sich die Evolutionsökonomie auf dynamische, wissensbasierte Probleme und die Unsicherheit von Märkten, Branchen, Unternehmen und Akteuren im Allgemeinen bezieht, befasst sich evolutionary finance mit der Dynamik der Finanzmärkte anhand biologischer Modelle[75]. Diese Modelle untersuchen das Zusammenspiel von Strategien auf den Finanzmärkten, bei denen die natürliche Selektion die Vielfalt der Strategien einschränkt, während durch Mutation immer wieder neue Strategien entstehen[76]. Bevor der evolutionary finance Ansatz in Kap. 3 näher beleuchtet wird, soll zuerst nachfolgend ein Vergleich der bisher dargestellten Theorien vorgenommen werden.

2.5   Hauptcharakteristika und Vergleich der Theorien

Nachdem die verschiedenen (Finanz-)Theorien erläutert wurden, werden die Hauptmerkmale der einzelnen Ansätze miteinander verglichen und abgegrenzt (siehe Tab. 2.1).

---

[72] Zur fundamentalen Kritik der Evolutionsökonomie, einschließlich der verschiedenen Perspektiven, siehe Schneider, D. (2002).

[73] Insbesondere stehen hier Innovationen im Fokus, die langfristig umgesetzt werden, siehe Schamp, E. (2012).

[74] Vgl. Witt, U. (1987).

[75] Siehe dazu Hens, T./Schenk-Hoppé, K. (2005a).

[76] Vgl. Evstigneev, I. et al. (2008).

Tab. 2.1 Hauptmerkmale verschiedener finanzökonomischer Theorien

	Traditionelle Finanztheorie/Neoklassik	Neue Institutionenökonomie	Behavioral finance/Verhaltensökonomie	Evolutionary finance/Evolutionsökonomie
Methodik	Normativ	Eher normativ	Deskriptiv	Normativ und deskriptiv
Rolle des Individuums	Individuum steht im Fokus	Institutionen und Regeln stehen im Fokus	Individuum steht im Fokus, aber zusätzlich wird der Einfluss auf Märkte betrachtet	Strategien am Markt stehen im Fokus
Grad der angenommenen Rationalität	Strenge Rationalität	Beschränkte Rationalität	Annahme von Irrationalität aufgrund von Heuristiken	Bandbreite von rational bis irrational; dynamische Rationalität z. B. durch Lernprozesse und Anpassung
Abgrenzende oder symbiotische Theorie (Synthese)	Abgrenzend	Eher symbiotisch	Abgrenzend	Symbiotisch
Wichtige Konzepte oder Modelle	Portfolio Theorie; CAPM, Effizienzmarkttheorie, Optionspreistheorie	Principal-Agent Theorie; Transaktionskostenansatz; Property-Rights Theorie	Heuristiken und Framing; Marktanomalien	Agentenbasierte Computermodelle; Adaptive Market Hypothesis; evolutionär stabile Strategien

(Fortsetzung)

Tab. 2.1 (Fortsetzung)

	Traditionelle Finanztheorie/Neoklassik	Neue Institutionenökonomie	Behavioral finance/Verhaltensökonomie	Evolutionary finance/Evolutionsökonomie
Relevante Forscher	Fama, Markowitz, Sharpe, Lintner, Black, Scholes (als auch die grundlegenden Ideen von Hayek zur Informativität von Preisen)	Coase, North, Hayek, Williamson	Kahneman, Tversky, Shiller, Thaler	Hens, Lo, Farmer, Arthur, LeBaron, Palmer (als auch die grundlegenden Ideen von Hayek und Alchian zu evolutionären Prozessen)
Wichtige Hilfsdisziplinen	Mathematik und Physik (Fokus auf Marktgleichgewichten)	Mathematik und Psychologie (Fokus auf formalen und informalen Regeln)	Psychologie und Soziologie (Fokus auf Gier und Angst aufgrund von Heuristiken)	Mathematik und Biologie (Fokus auf Dynamik, Komplexität, Selektion, Variation und Mutation)
Gründe für die Entstehung der Theorie	Übertragung der Gleichgewichtstheorie aus der Neoklassik auf den Kapitalmarkt	Erkennen der Relevanz von opportunistischem Verhalten, beschränkter Rationalität, Informationsasymmetrien und Regeln zwischen den Wirtschaftssubjekten; Entwicklung eines realisterischen Abbilds der Wirtschaft	Ansteigende Volatilität an den Finanzmärkten seit den 1990er Jahren; Entstehen und Platzen der dot.com Blase	Dauerhafte Entstehung von Preisblasen und Krisen; Finanzmodellierung in der Nachkrisenzeit

Bisherige Erkenntnisse und Modelle zur evolutorischen Finanzökonomie

3

3.1 Einfluss der evolutorischen Ökonomie auf die Finanzökonomie

Gemäß Lo[1] können Alchian und später Hirshleifer als die ursprünglichen Pioniere der evolutorischen Finanzökonomie angesehen werden[2]. Alchian befasste sich hauptsächlich mit der Frage, warum bestimmte (Finanz-) Unternehmen erfolgreicher waren als andere und stellte fest, dass das Überleben von Unternehmen ein evolutionärer Prozess der Variation und Auswahl ist[3]. Er legte somit den Grundstein für Hirshleifer, der auf allen Ebenen der Wirtschaft (einschließlich der Finanzmärkte) evolutionäre Kräfte am Werk sah[4].

In ähnlicher Weise legte in den 1990er Jahren die Forschung zur computergestützten Agenten-Modellierung am Santa Fe Institut wichtige Grundlagen für ein tieferes Verständnis der Funktionsweise von Finanzmärkten (auch Santa Fe Artifical Stock Market genannt)[5]. Finanzmärkte sind demnach komplexe, dynamische Systeme mit unterschiedlichen Arten von Investoren (Agenten), insbesondere fundamentorientierten Investoren und technischen Tradern[6].

---

[1] Lo, A. (2017).

[2] Siehe Alchain, A. (1950) und Hirshleifer, J. (1977).

[3] Vgl. Alchian, A. (1950). Allerdings gab es seitens Penrose Kritik an den Ideen von Alchian, siehe Penrose, E. (1952).

[4] Vgl. Hirshleifer, J. (1977).

[5] Siehe z. B. Blume, L./Easley, D. (1992); Palmer, R. et al. (1994); Arthur, W. et al. (1997); Farmer, J. (1998); Farmer, J./Lo, A. (1999).

[6] Siehe dazu bspw. Brock, W./Hommes, C. (1998); Lux, T./Marchesi, M. (2000); Föllmer, H. et al. (2005).

3.2   Agentenbasierte Systeme

Die im vorherigen Kapitel erwähnten agentenbasierten Computersimulationen am Santa Fe Institut halfen dabei, das Geschehen an den Finanzmärkten besser zu verstehen. So war es zum einen möglich, das Studium von Selbstorganisationsprozessen an den Finanzmärkten zu analysieren[7], andererseits konnten solche Modelle auch charakteristische Eigenschaften von Zeitreihen an den Finanzmärkten zielführender beobachten[8].

Die angenommene Heterogenität der Marktteilnehmer wurde dabei folgendermaßen definiert: Fundamentale Investoren glauben an die Markteffizienz und berechnen ihre Preiserwartung für eine Aktie alleine aus den diskontierten erwarteten Dividendenzahlungen, während die technischen Trader aus den vergangenen Preisen eine Prognose für zukünftige Preise ableiten[9]. Aufgrund der Dynamik des Modells überprüfen die Agenten den Erfolg ihrer Strategie permanent und passen sie entsprechend für die zukünftige Prognosebildung an. Diese Form der Adaption (Lernverhalten) führt zu einer besseren Modellierung von Preisschwankungen, wodurch Marktinstabilitäten, wie z. B. Preisblasen oder Crashes, endogen erzeugt werden können.

3.3   Entstehung von Finanzinnovationen

Die Finanzkrise 2007/2008 hat viele Marktteilnehmer (z. B. Finanzintermediäre, Unternehmen und Investoren) dazu veranlasst, nach neuen Finanzierungs- bzw. Investmentoptionen zu suchen. Im Sinne Schumpeters sind so Finanzinnovationen entstanden bzw. verstärkt worden (bspw. Social Impact Bonds, Private Debt, Fintechs oder Kryptowährungen), welche die alte Finanzindustrie auf der prozessualen oder institutionellen Ebene intensiv herausfordern. Die klassische Finanzbranche muss somit entscheiden, ob sie im Sinne Porters[10] mit Übernahme, Kooperation oder Wettbewerb reagiert. Die Entstehung dieser Innovationen kann neben einer rein ökonomischen Betrachtung (z. B. mangelnde Infrastrukturen oder Fehleinschätzungen des Managements) auch evolutorisch erklärt werden.

---

[7] Vgl. Farmer, J. (1998).
[8] Vgl. LeBaron, B. (2000).
[9] Siehe beispielhaft Brock, W./Hommes, C. (1998).
[10] Vgl. Porter, M. (1980).

Social Impact Bonds

Die Ansätze von Schumpeter[11], North[12] und Hayek[13] können z. B. herangezogen werden, um die Entstehung von Social Impact Bonds (SIB) zu erklären[14]. Ein SIB ist ein institutionelles Design[15], das auf einem Finanzvertrag zwischen einem oder mehreren privaten Investoren und einer Institution des öffentlichen Sektors basiert[16]. Dabei wird von Seiten des öffentlichen Sektors eine Verpflichtung eingegangen, aufgrund eines sozialen Projektes für verbesserte soziale Rahmenbedingungen und Ergebnisse an Investoren zu zahlen[17]. Dies wiederum kann nur finanziert werden, da der Staat seinerseits Einsparungen durch das Projekt erfährt[18]. Basierend auf Schumpeters Ansatz des „zerstörerischen Unternehmers" bedeutet soziales Unternehmertum eine Tätigkeit, die auf innovative und langfristige Weise zur Lösung eines sozialen Problems genutzt werden kann und damit eine Chance bietet, ein soziales System bzw. einen Markt dynamisch zu verändern. Das Konzept des Unternehmertums gilt aber nicht nur für den Unternehmer im klassischen Sinne, sondern auch für Akteure in staatlichen Institutionen[19]. Nach dem evolutorischen Ansatz wird der Staat durch Menschen vertreten, die nicht nur im öffentlichen Interesse, sondern auch in ihrem eigenen Interesse handeln. Folglich versuchen diese Akteure auch innovativ zu sein (bspw. Förderung von SIBs), um ihren persönlichen Erfolg zu verbessern[20]. Die Entwicklung eines SIB-Marktes und die Etablierung von Wissen im Sinne Hayeks[21] erfordern

---

[11] Vgl. Schumpeter, J. (1934).

[12] Vgl. North, D. (1990).

[13] Vgl. Hayek, F. (1937).

[14] Siehe dazu grundlegend Holtfort, T. et al. (2018).

[15] Zum Begriff des institutionellen Designs und dessen Relevanz für Wandel in der Ökonomie, siehe North, D. (1990).

[16] Das erste SIB wurde im März 2010 (also im Anschluß an die Finanzkrise) in Großbritannien von Social Finance (2007 gegründet) und dem Justizministerium ins Leben gerufen, um ein Rehabilitationsprogramm für Gefangene des Peterborough-Gefängnisses mit einem geplanten Programmvolumen von 5 Mio. Pfund zu finanzieren. Ziel des Projekts ONE Service war es, den Kreislauf der erneuten Inhaftierung von Kurzzeitgefangenen zu durchbrechen, siehe Nicholls, A./Tomkinson, E. (2013).

[17] Siehe dazu Social Finance (2010).

[18] Vgl. Gustaffson-Wright, G. et al. (2015).

[19] Siehe dazu High, J./Pearce, J. (1993); North, D. (1990).

[20] So z. B. gemessen an ihrem Gehalt, der Größe ihres Budgets oder ihres Personals, der Anzahl der Stimmen oder anderen Indikatoren ihrer politischen oder bürokratischen Karriere. Auch die Entstehung „leerer Kassen" nach der Finanzkrise spielt hier eine wichtige Rolle.

[21] Vgl. Hayek, F. (1937).

Koordination und Netzwerke. In den USA und im Vereinigten Königreich arbeiten Finanzexperten bereits seit längerer Zeit mit staatlichen Akteuren und dem sozialen Sektor zusammen, um Institutionen zu etablieren, die einen funktionierenden SIB-Markt ermöglichen und damit den Kapitalzufluss in soziale Projekte fördern[22].

Private Debt

Private Debt ist eine Form der Fremdfinanzierung für Unternehmen über meist institutionelle Fondsstrukturen und somit eine Möglichkeit der Disintermediation[23]. Seit der Finanzkrise ist die Anzahl und das Volumen von Private Debt Fonds enorm gestiegen[24], was einerseits auf die erhöhte regulatorische Kontrolle und andererseits auf die Anforderungen an Kapitalreserven der Banken zurückzuführen ist[25]. Im Sinne der Evolutionsökonomik lässt sich konstatieren, dass Fondsmanager eine innovative Idee am Finanzmarkt weiter forciert bzw. im Sinne North's institutionalisiert haben (gekoppelt mit speziellem Wissen im Bereich der Fremdfinanzierung), um den wachsenden Kapitalbedarf von Unternehmen (nach dem Rückzug der Banken), insbesondere im Mittelstand, zu decken. Für Investoren (z. B. Versicherungen oder Pensionsfonds) ist die Anlage in Private Debt Fonds gemäß der darwinistischen Denkweise eine Form der Mutation am Finanzmarkt, da diese Investmentmöglichkeit sich in der Rendite- und Risikostruktur von anderen Asset Klassen unterscheidet und somit Kapital kumuliert (bzw. anderen konkurrierenden Asset Klassen Kapital entzieht)[26].

Fintechs

Fintechs sind Finanzunternehmen, die ihre Dienstleitungen via Internet bzw. Onlineplattformen und somit digitalisiert anbieten. Die Dienstleistungen können dabei in vier Kategorien unterteilt werden[27]: Fintechs mit Kreditlösungen (z. B. Crowd-funding), Fintechs mit Lösungen im Bereich Asset Management (z. B. Robo Advisor), Fintechs mit Lösungen für Zahlungsdienste (z. B.

---

[22] Siehe dazu z. B. Social Finance (2016). In Deutschland wird das Thema dagegen seitens der Politik nur rudimentär betrachtet und gefördert, siehe Weber, M./Scheck, B. (2012).

[23] Disintermediation bedeutet, dass die Bank nicht mehr als klassischer Kreditgeber fungiert.

[24] Vgl. Munday, S. et al. (2018). Private Debt existierte dabei aber auch schon rudimentär vor der Finanzkrise.

[25] Hiermit sind die Auswirkungen von Basel III/IV gemeint. Um ihre Bilanzen zu stärken und neue aufsichtsrechtliche Regelungen einzuhalten, reduzierten traditionelle Banken ihre Kreditvergabe für Unternehmen, siehe z. B. Chen, B. et al. (2017).

[26] Gerade in Zeiten niedriger Zinsen.

[27] Siehe dazu z. B. Haddad, C./Hornuf, L. (2016).

mobile Zahlungswege) und sonstige Fintechs (z. B. Fintechs für Regulatorik-lösungen oder Fintechs im Bereich der Versicherungen). Zwischen 2008 und 2011 hat sich die Anzahl der Fintech Start-Ups weltweit verdoppelt, wobei die USA und das Vereinigte Königreich den größten Anteil ausmachen[28]. Im Sinne Schumpeters sind Fintechs somit innovative Finanzintermediäre, die über neue Vertriebs- und Zugangswege traditionelle Finanzanbieter in einen dynamischen Wettbewerbs-druck hineinmanövrieren. Ebenso erhöhen Fintechs auf der Markt- und Technologieebene die Komplexität[29] und schaffen gemäß Hayek neues Wissen über die Abwicklungsmöglichkeiten von Finanztransaktionen.

Kryptowährungen

Kryptowährungen sind eine neue Art von digitalen Währungssystemen, die auf einer dezentralen Netzwerkarchitektur (peer-to-peer) basieren[30]. Bitcoin als führende Kryptowährung (nach Bekanntheit und Marktkapitalisierung) wurde zeitgleich mit der Finanzkrise 2007 als innovatives Zahlungsmittel geschaffen[31] und unterscheidet sich von herkömmlichen Währungen in zweierlei Hinsicht[32]: Erstens in der Erstellungsmethode, die auf computergestützten Prozessen basiert, welche als Blockchain bezeichnet werden und zweitens in ihrer Fähigkeit, ohne die Kontrolle oder Aufsicht einer privaten Einrichtung oder Regierungsorganisation zu arbeiten. Infolge der Finanzkrise geriet Bitcoin in den letzten zehn Jahren zunehmend in die Diskussion als künftige Alternative zu Fiat Money[33]. Aus evolutionsökonomischer Sicht haben Kryptowährungen einen disruptiven Charakter, da sie das bisherige Finanzsystem auf der Ebene von Prozessen (z. B. Zahlungsmöglichkeiten)[34], Strukturen (neue Produkte, wie z. B. Kryptofonds oder Future-Kontrakte auf Bitcoin) und Regeln (z. B. neue Rechtsauslegung als Zahlungsmittel) massiv beeinflussen und verändern können[35].

---

[28] Der Anstieg ist zu einem großen Teil aufgrund des nach der Finanzkrise weltweit entstandenen mangelnden Vertrauens in traditionelle Banken zu erklären.

[29] Vgl. Gozman, D. et al. (2018).

[30] Vgl. Ammous, S. (2018); Li, X./Wang, A. (2017).

[31] Siehe Nakamoto, S. (2007).

[32] Vgl. Antonopoulos, A. (2014); Dominguez, J. et al. (2019).

[33] Vgl. Antonopoulos, A. (2014).

[34] Auch die Nutzung von Kryptowährungen für eine neue Form der Unternehmensfinanzierung (Initial Coin Offerings) kann hier genannt werden. Im Rahmen eines Initial Coin Offerings werden Einheiten einer neu ausgegebenen Kryptowährung an Investoren verkauft, um im Gegenzug entweder von der Regierung ausgegebene Währungen (z. B. Fiat Money) oder andere Kryptowährungen zu erhalten, siehe Chohan, U. (2017).

[35] Vgl. Tapscott, D./Tapscott, A. (2016).

Insgesamt lässt sich konstatieren, dass die Finanzkrise ein starker Auslöser für die dargestellten Finanzinnovationen war. Vor allem Probleme auf der systemischen Ebene der Finanzintermediäre führten in der Folge zu einer evolutorischen Schaffung von neuen Angebotsstrukturen am Finanzmarkt.

3.4 Bisherige Modelle der evolutorischen Finanzökonomie

Der Forschungsansatz der evolutionary finance hat bisher zwei grundlegende Modelle über die Funktionsweise von Finanzmärkten hervorgebracht. Einmal den Ansatz von Hens zu evolutionär stabilen Strategien, welcher nachfolgend beschrieben wird. Zum anderen das Modell von Lo über eine neue Sichtweise der Effizienzmarkthypothese.

3.4.1 Modell von Hens: Evolutionär stabile Strategien

Hens befasst sich in seinen Arbeiten mit der Frage, ob es in einem computersimulierten Finanzmarkt eine evolutionär stabile Strategie gibt, die langfristig überlebt und andere Strategien verdrängt[36]. Die Ergebnisse zeigen, dass ein Aktienmarkt dann evolutionär stabil ist, wenn Aktien nach den erwarteten relativen Dividenden bewertet werden[37]. Nur eine solche Strategie akkumuliert langfristig den gesamten Marktwert, womit für den Investor eine normative Überlebensstrategie abgeleitet werden kann[38].

Die Thematik stabiler Portfolioregeln wurde von Hens auch empirisch nachgewiesen[39]. So wurde für den Schweizer Aktienmarkt aufgezeigt, dass im Wettbewerb mit der von Markowitz entwickelten Mittelwert-Varianz Optimierung, der Theorie des maximalen Wachstums und einer Behavioral Finance Strategie, eine evolutionäre Portfolio-Regel, welche das gesamte Marktvermögen auf sich vereint, langfristig überlebt. Dagegen verlieren die anderen Strategien Kapital und werden somit im Sinne Darwins vom Markt aussortiert[40].

---

[36] Siehe grundlegend Hens, T./Schenk-Hoppé, K. (2005b).

[37] Vgl. Evstigneev, I.v et al. (2006).

[38] Vgl. Hens, T. et al. (2002); Evstigneev, I. et al. (2002).

[39] Siehe Hens, T. et al. (2002).

[40] Die Ergebnisse werden auch von Anufriev, M./Dindo, P. (2010) und Evstigneev, I. et al. (2002) bestätigt.

3.4.2 Modell von Lo: Adaptive Market Hypothesis

Einen anderen Ansatz als Hens verfolgt Lo mit seiner Adaptive Market Hypo-thesis[41]. Diese erweitert die klassische Effizienzmarkthypothese Famas, indem Erkenntnisse der Verhaltensökonomie integriert werden. Nach Lo ist die Effi-zienzmarkthypothese von Fama nicht falsch, sondern im Hinblick auf die Fähigkeiten des Investors aus den heuristischen Fehlern zu lernen (Adaption) unvollständig[42]. Da Investoren biologische Wesen sind, können sie als Konse-quenz nicht immer rational sein und sind von den Einflüssen der Evolution geprägt. Der Finanzmarkt ist somit ein dynamisches Konstrukt, welches durch die Interaktionen der Investoren, deren Lernfähigkeit und Anpassung an soziale, kulturelle, politische und ökonomische Gegebenheiten gesteuert wird[43].

Aus den Annahmen Los lassen sich verschiedene Schlussfolgerungen ziehen. Im Gegensatz zu Hens legt Lo den Fokus nicht auf die Strategien im Rah-men des Marktes, sondern auf den einzelnen Investor, welcher weder komplett rational noch in Gänze heuristisch agiert. Des Weiteren lässt sich ableiten, dass die Erkenntnisse von Behavioral Finance (Heuristiken, Framing und Marktan-omalien) sich mit einem evolutorischen Modell lernender Investoren vereinbaren lassen.

---

[41] Siehe Lo, A. (2004).
[42] Lo, A. (2005, 2017).
[43] Lo, A. (2017).

Relevanz weiterer biologischer und darwinistischer Konzepte zur Erklärung des Kapitalmarktverhaltens

4

4.1 Räuber-Beute Simulation

Die Räuber-Beute Beziehung (auch Volterra Regel genannt) wird in der Biologie genutzt, um Regeln für eine exakte quantitative Beschreibung von Populationsdynamiken aufzustellen[1]. Dabei wird grundsätzlich die zahlenmäßige Entwicklung zweier Populationen über größere Zeiträume aufgezeigt (s. Abb. 4.1), unter der Voraussetzung, dass nur zwischen den beiden betrachteten Arten eine Räuber-Beute Beziehung besteht und die sonstigen Umweltfaktoren (biotisch und abiotisch) konstant bzw. zu vernachlässigen sind.[2]

Wie Abb. 4.1 zu entnehmen ist, schwanken die Populationsgrößen von Räuber (z. B. Luchse) und Beute (z. B. Hasen) periodisch, wobei die Räuberpopulation denen der Beutepopulation phasenverzögert folgt[3]. So ergibt sich immer wieder auf ein Maximum der Beutepopulation ein Maximum der Räuberpopulation. Grund dafür ist, dass bei einer hohen Anzahl von Beutetieren die Räuber mehr Nahrung und somit auch erhöhte Vermehrungschancen haben[4]. Da die Jungtiere der Räuber eine gewisse Zeit zum Heranwachsen brauchen, ergibt sich das Maximum der Räuber erst später. Anschließend wächst mit steigender Anzahl der Räuber der Druck auf die Beutepopulation, wodurch diese schrumpft. Durch die abnehmende Populationsdichte der Beute wiederum sinkt der Jagderfolg der Räuber, sodass auch deren Population mangels Nahrung sinkt usw.

---

[1] Volterra, V. (1990).
[2] Müller, H. (1991).
[3] Volterra, V. (1990).
[4] Volterra, V. (1990).

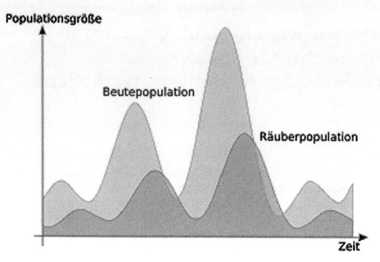

Abb. 4.1 Räuber-Beute Simulation nach Volterra[5]

4.2 Koexistenz und Symbiose

Koexistenz beschreibt, im Gegensatz zum Konkurrenz-Ausschluss, einen Begriff aus der Ökologie für das Überleben zweier miteinander interagierender Arten im gleichen Lebensraum.[6] In offenen Systemen der Natur ist Koexistenz die Regel, der Ausschluss durch Konkurrenz eher die Ausnahme. Gefördert wird Koexistenz durch wiederkehrende Veränderungen oder Störungen, welche abwechselnd unterschiedliche Arten begünstigen.

Symbiose bezeichnet das Zusammenleben artverschiedener Organismen zum gegenseitigen Vorteil im Hinblick auf biologische Fitness oder Überlebenswahrscheinlichkeit.[7] Der größte Teil der Stoffmasse von Lebewesen (Biomasse) auf der Erde besteht dabei aus symbiotischen Systemen (z. B. sind Bäume und Sträucher auf Bestäubung durch andere Spezies angewiesen), die in verschiedener Art und Weise auftreten können: Bei der Allianz, der lockersten Form der Symbiose, ziehen beide Arten zwar einen Vorteil aus der Beziehung, sind aber dennoch ohneeinander lebensfähig. Beim Mutualismus existiert eine regelmäßige, aber

---

[5] Volterra, V. (1990).

[6] Hofbauer, J./Sigmund, K. (1998).

[7] Hofbauer, J./Sigmund, K. (1998).

nicht lebensnotwendige Beziehung der Symbionten. Im Rahmen der Eusymbiose dagegen sind die Partner allein nicht lebensfähig.

4.3 Entropie in Systemen

Ein System ist eine gedachte Einheit aus mehreren Einzelelementen, die miteinander in einer bestimmten Beziehung stehen.[8] Je nach Fragestellung wird dabei ein System festgelegt und als Einheit betrachtet. Im Rahmen der Biologie untersucht man bspw. Systeme auf den Ebenen von Molekülen, Zellen, Geweben, Organen, Lebewesen, Gemeinschaften und Ökosystemen.

Entropie ist ein Begriff aus der Physik und gibt das Maß der Unordnung eines Systems (also auch eines biologischen bzw. lebenden) an.[9] Dabei gilt, je zufälliger die Objekte eines Systems verteilt sind, desto größer ist seine Entropie. Nach dem zweiten Hauptsatz der Thermodynamik ist jede Energieumwandlung mit einer Zunahme von Entropie verbunden.[10] Meist erhöht sich die Entropie dabei durch Freisetzen von Wärme (so geht Energie bei einem lebenden System z. B. für die Zelle verloren).

4.4 Selektion, Mutation und Adaption

Selektion ist ein grundlegender Begriff der Darwin'schen Evolutionstheorie. In Form der natürlichen Selektion (auch natürliche Auslese genannt) wird damit die Reduzierung des Fortplanzungserfolgs bestimmer Lebewesen einer Population beschrieben[11]. In der Folge vermehren sich andere Lebewesen stärker, welche im Rückblick als überlebenstüchtiger (Fitness) gekennzeichnet werden können. Entscheidende Einflüsse auf die Selektion haben dabei äußere Faktoren der Umwelt (Selektionsfaktoren).

Im Gegensatz zur Selektion versteht man unter Mutation spontane Veränderungen der Basensequenzen der DNA, wodurch fortwährend neue Erbanlagen entstehen[12]. Diese erbfesten Veränderungen werden dann an die Nachkommen weitergegeben und verändern somit den Genpool einer Population (es kommt

---

[8] Heinrich, G. (2007).
[9] Stierstadt, K./Fischer, G. (2010).
[10] Stierstadt, K./Fischer, G. (2010).
[11] Darwin, C. (1859).
[12] Knippers, R. (1997).

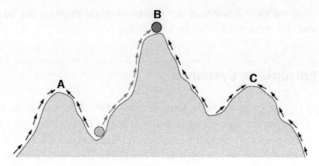

Abb. 4.2 Beispiel einer evolutionären Anpassung[15]

zu neuen Merkmalsausprägungen, die bisher in der Population nicht existent waren). Ob es allerdings zu einer nachhaltigen Veränderung des Genpools kommt, hängt entscheidend davon ab, wie die Selektion auf die neue Merkmalsausprägung wirkt. Erbanlagen, die zu nachteiligen Merkmalsausprägungen führen, verschwinden wieder aus dem Genpool.

Adaption ist ein in einer Population eines bestimmten Lebewesens auftretendes Merkmal, das für sein Überleben oder seinen Fortpflanzungserfolg vorteilhaft ist und das durch natürliche Mutation und anschließende Selektion für seinen gegenwärtigen Zustand entstanden ist.[13] Ein Merkmal kann in diesem Zusammenhang sowohl Aussehen und Gestalt betreffen (morphologische Besonderheit) als auch eine Verhaltensweise sein. Damit ein Merkmal adaptiv ist, also als Anpassung in den Genpool einer Population einfließen kann und sich darin verbreiten kann, muss es erblich sein, d. h. eine genetische Basis besitzen. Abb. 4.2 zeigt ein Beispiel einer sogenannten Fitness-Landschaft (evolutionäre Anpassung)[14]. Dabei bezeichnen die Pfeile den durch Selektion präferierten Weg einer Population in der Landschaft. Die Punkte A, B und C stehen für lokale Optima und der graue Kreis für eine Population, die sich von einem sehr niedrigen Fitnesswert in Richtung eines lokalen Gipfels bewegt.

---

[13] Wright, S. (1932).
[14] Wright, S. (1932).
[15] Wright, S. (1932).

4.5   Auswirkungen biologischer und darwinistischer Konzepte auf den Kapitalmarkt

In den nachfolgenden Kapiteln sollen erkenntnisleitend die vorher dargestellten Begriffe wie Populationsdynamik, Symbiose, Entropie, Selektion, Mutation und Adaption auf kapitalmarktrelevante Fragestellungen bzw. Themenbereiche übertragen werden. Im Fokus der Analyse stehen dabei auf Marktebene der Finanzmarkt und dessen Prozesse sowie auf institutioneller Ebene Investoren, Unternehmen (inklusive der Finanzintermediäre) und die Finanzaufsicht.

4.5.1 Ebene des Finanzmarktes

4.5.1.1 Mutation und Variabilität in Finanzsystemen

Bei Kreditinstituten hat sich seit der Finanzkrise ab 2007 für die Rettung von angeschlagenen Kreditinstituten der Ausdruck „systemrelevant" herausgebildet.[16] Das zu rettende Institut eines Staates spielt demnach wegen der Größe oder der Bedeutung eine besondere Rolle im Rahmen des Kreditwesens und kann dadurch bei evtl. Staatshilfen als erstes mit einer solchen rechnen. Der Hintergrund liegt darin begründet, dass einzelne Finanzinstitute, die in Schieflage geraten, vor allem die Stabilität des gesamten Systems gefährden können. Sie werden deshalb als systemrelevante Banken und somit als „too big to fail" bezeichnet.[17] Eine weitere Folge eines möglichen Zusammenbruchs ist die Auswirkung auf die Realwirtschaft, welche auf die Kreditversorgung durch die Finanzinstitute angewiesen ist.

Um künftig Krisen wie die Finanzkrise zu vermeiden, ist es deshalb im Sinne eines evolutorischen Denkens wichtig, eine hohe Variabilität von verschiedenen Finanzinstitutionen (private Banken, Sparkassen und Genossenschaftbanken) zu fördern. Fintechs können in diesem Zusammenhang als Mutation im Finanzsystem betrachtet werden, die erstmal dafür sorgen, die Variabilität weiter hoch zu halten. Dennoch muss auch hier darauf geachtet werden, dass einzelne Fintechs in der Zukunft nicht ebenfalls als „too big to fail" oder systemisches Risiko deklariert werden.[18] Letztlich sorgen Fintechs für eine Form der Selektion innerhalb des Finanzmarktes, weil sie mit der Zeit ertrags- und prozessschwache klassische Banken aus dem System entfernen.

---

[16] Hein, E. et al. (2008).
[17] Hein, E. et al. (2008).
[18] Stulz, R. (2019).

4.5.1.2 Symbiose von Momentum und Value

Im Rahmen der Momentum-Strategie werden in der Regel die Renditen der letzten sechs oder zwölf Monate (Halteperiode) zugrunde gelegt und auf Basis dieser Daten eine Rangliste aller Aktien aus einem Index erstellt[19]. Anschließend werden die besten 10 % aus der Rangliste in ein Portfolio gekauft und die schlechtesten 10 % mittels eines Portfolios leerverkauft (um auf sinkende Kurse zu setzen). Die so zusammen gesetzten Portfolien performen dann für die nächsten sechs bzw. zwölf Monate (Formationsperiode). Die Zusammensetzung der Portfolios wird dann regelmäßig nach Ablauf der gewählten Haltedauer auf Basis eines aktuellen Rankings angepasst.

Bei der Value-Strategie dagegen werden Portfolios längerfristig auf Basis der letzten 3–5 Jahre gebildet[20]. Im Unterschied zur Momentum-Strategie werden aber die ehemaligen Verlierer-Aktien in ein Winner-Portfolio gekauft, während die vergangenen Gewinner-Aktien im künftigen Verlierer-Portfolio leerverkauft werden. Dementsprechend zielt der Investor darauf ab, dass Gewinneraktien tendenziell zu Verliereraktien werden et vice versa. Nach Ablauf der Halteperiode ist dann eine erneute Bildung der Portfolios vorzunehmen.

Die empirische Forschung zeigt, dass beide Strategien je nach Anlagehorizont hohe Überrenditen ggü. dem Markt generieren. Da beide Strategien schon lange bekannt und existent sind, könnte man im Sinne der Effizienzmarkthypothese annehmen, dass sie im Laufe der Zeit wegarbitragiert werden. Da dies aber nicht der Fall ist, liegt die Vermutung einer symbiotischen Beziehung der beiden Strategien nahe. Gemäß der in Abschn. 3.1 beschriebenen Räuber-Beute Simulation bedingen sich Momentum und Value gegenseitig. Ohne Momentum-Investoren, die dem Trend folgen, wären die Kurse sehr nah an den fairen Werten, sodass Value Investoren keine Renditen erwirtschaften könnten. Umgekehrt würden die Momentum-Anleger ohne Value-Investoren die Kurse in unermessliche Höhen treiben und somit dem Finanzmarkt schaden (am Ende erhielte dann keiner der beiden Parteien eine Rendite).[21]

4.5.1.3 Entropie und Effizienzmarkthypothese

Durch Shannon[22] lässt sich der Begriff der Entropie auch auf Informationen übertragen und somit die Effizienzmarkthypothese in einem neuen Licht erscheinen. Er versteht Entropie als Maß für Information und verbindet so Thermodynamik

---

[19] Siehe exemplarisch Jegadeesh, N./Titman, S. (1993).

[20] Siehe exemplarisch DeBondt, W./Thaler, R. (1985).

[21] Hens, T. (2012).

[22] Shannon, C. (1948).

mit Informationstheorie. Wenn die Entropie eines Makrozustands charakterisiert ist durch die Anzahl möglicher Mikrozustände, dann entspricht die Entropie der Information, die fehlt, um den entsprechenden Mikrozustand vollständig zu beschreiben.[23] Information ist dann die Differenz der Entropie eines bestimmten Makrozustands und der Entropie des Makrozustands mit der größtmöglichen Entropie. Entropie wird damit gleichsam fehlende Information, und damit zum Gegenspieler des Begriffs, der für rationale Entscheidungen entscheidend ist.

Überträgt man die Informationstheorie auf ein System wie die Börse, dann muss realististischerweise unterstellt werden, dass eine neue Information von jedem Anleger unterschiedlich bewertet wird (Anzahl verschiedener Mikrozustände). Somit entsteht Entropie durch subjektive Informationswahrnehmung und -urteilsbildung, was wiederum zu keiner einheitlichen Deutung der neuen Information im Sinne der Effizienzmarkthypothese führen kann. Von daher sind auch keine Gleichgewichtszustände am Markt zu erwarten, sondern gemäß der evolutorischen Ökonomie im Gegenteil dauerhafte Ungleichgewichte (also Über- und Unterbewertungen an der Börse).[24]

4.5.2 Institutionelle Ebene

4.5.2.1 Ebene des Investors

Auf der Ebene der Investoren kann einerseits der Umgang mit Strategien untersucht sowie andererseits die Relevanz der Begriffe ‚Lernen' und ‚Adaption' näher beleuchtet werden. Wie bereits in Abschn. 4.5.1.2 dargestellt, existieren am Finanzmarkt dauerhaft Momentum- und Value Phasen, welche die Investoren entsprechend für sich nutzen können. Stärker heuristisch geprägte Investoren (im Sinne eines Herdenverhaltens) werden dabei eher dem Trend (Momentum) folgen, während rationale Investoren auf Value-Strategien setzen. Mittels bestimmter Kennzahlen (z. B. Relative-Stärke-Index bzw. Kurs-Buchwert-Verhältnis) lassen sich hier Marktphasen differenzieren.

Grundsätzlich unterstellt die evolutorische Finanzökonomie einen lernenden Investor, welcher im Laufe der Zeit seine heuristischen Urteils- und Entscheidungsfehler erkennt sowie sich dann entsprechend an neue Rahmenbedingungen anpasst.[25] Dieser evolutorische Prozess der Adaption erfolgt über neue Denkmuster, welche sich aus den gelernten Erfahrungen ergeben (getreu dem Motto: was

---

[23] Shannon, C. (1948).

[24] Siehe auch vorheriges Kapitel.

[25] Siehe auch Abschn. 3.4.2.

funktioniert gut und was eher schlecht?). Somit ist der Marktteilnehmer ein biologisches Wesen, welches grundsätzlich nach mehr Vernunft strebt, aber aufgrund der Gehirnstrukturen dies nicht immer umsetzen kann.

4.5.2.2 Ebene des Unternehmens bzw. Finanzintermediärs

Unternehmen können im Sinne der Evolution überlebensfähig bleiben, wenn sie ähnlich wie die Gesetze der Natur agieren.[26] Hierbei ergibt sich ein Spannungsfeld zwischen Innovation und Bewahrung. So wie sich Gene bei der Fortpflanzung rekombinieren und damit Mutationen hervorbringen, sollte ein Unternehmen ebenfalls für eine Vielfalt an Ideen und Produkten sorgen und somit Innovationen fördern. Andererseits braucht ein Unternehmen auch Beständigkeit und kann nicht permanent Veränderungen vornehmen. Die Bewahrung von Prozessen bzw. Produkten, die sich erfolgreich gezeigt haben ist, wie es auch in der Natur mit neu hervorgebrachten Merkmalen geschieht, ebenfalls von enormer Bedeutung. Weitere wichtige Kriterien im Sinne eines Evolutionsmanagements sind Anpassungs- und Symbiosefähigkeit sowie Ressourcenkompetenz.[27]

Außerdem bieten sich Unternehmen durch evolutorische Prozesse neue Finanzierungsmöglichkeiten (s. auch Abschn. 3.3). Das Aufkommen neuer Finanzintermediäre (institutioneller Wandel) seit der Finanzkrise hat sowohl für ein neues Angebot seitens der Fintechs gesorgt als auch gleichzeitig eine bestehende Nachfrage seitens der Unternehmen befriedigt. Zu nennen sind hier beispielhaft die Prozesse des Crowdfundings im Rahmen von Finanzierungen und der Initial Coin Offerings (ICO) durch die Nutzung von Kryptowährungen.

Für die klassischen Finanzintermediäre (Banken und Versicherungen) entsteht durch die Fintechs ein Prozess der Disintermediation, d. h. Unternehmen nutzen immer weniger den traditionellen Weg für Ihre Finanzgeschäfte. Kreditfinanzierungen, moderne Zahlungsverkehrslösungen und Versicherungsaspekte können nunmehr verstärkt über Fintechs abgewickelt.

4.5.2.3 Ebene der Aufsicht

Die Finanzaufsicht hat seit der Finanzkrise schon erste systemische (und damit auch evolutorische) Aspekte in der Regulierung der Banken berücksichtigt. Die bereits erwähnte Differenzierung von systemrelevanten und nicht systemrelevanten Banken ist ein erster Schritt in eine stärker evolutorisch geprägte Aufsicht. Des Weiteren können die Empfehlungen von Gigerenzer zu eher heuristisch (hier im Sinne einer Regel, die auf wenigen Informationen/Kennzahlen beruht)

---

[26] Holtfort, T. (2013).
[27] Blüchel, K./Sieger, H. (2009).

denn mathematisch/komplex geprägten Regeln in der Finanzaufsicht ein weiterer Schritt in die richtige Richtung sein, um die Dynamik von Systemen besser zu steuern.[28]

Taleb stellt mit seinem Konzept der Fragilität versus Antifragilität[29] eine evolutorische Theorie des Zufalls auf, mit der die bisherige Systematik der Finanzaufsicht ebenfalls verbessert werden kann. Demnach können fragile Systeme (welche z. B. auf der Annahme der Normalverteilung beruhen oder zu wenig Variabilität enthalten) eher von Schwarzen Schwänen (Ereignisse, welche im Vorfeld als äußerst unwahrscheinlich gelten)[30] zerstört werden als antifragile Systeme. Ein System ist dann antifragil, wenn es mit Volatilität, Zufall oder Unvorsehbarkeiten gut umgehen kann. Zu viele und enge Regeln der Finanzaufsicht schaden hier mehr als das sie nützen.[31] Sobald die Aufsicht das Korsett der Regeln enger schnürt, wird der Markt künftig andere Wege für Dynamiken bzw. neue Prozesse suchen.

---

[28] Aikman, D. et al. (2014). So zeigt sich in der Studie, dass zur Vorhersage eines Bankenausfalls im Rahmen einer simulierten Finanzkrise, eine einfache Leverage Ratio bei gleichgewichteten Vermögenswerten – eine sogenannte 1/N-Regel besser geeignet ist, als die Baseler Kernkapitalquoten mit risikogewichteten Aktiva.

[29] Taleb, N. (2012).

[30] Taleb, N. (2007).

[31] So sollte sich die Finanzaufsicht, auch in Analogie zur Evolution, bewusstmachen, welche Rolle sie im Finanzbiotop einnimmt. Dies erfordert eine gewisse Umsichtigkeit, wenn man in dieses Biotop eingreift.

Fazit und Ausblick 5

Das vorliegende Buch setzt sich mit der neuen Thematik der evolutorischen Finanzökonomie auseinander. Aufbauend auf einer historischen Analyse bisheriger theoretischer Finanzansätze stellt es einen Zusammenhang zwischen biologischen bzw. darwinistischen Konzepten und der Finanzökonomie her. Neue Fragestellungen, bspw. ob Variabilität und Mutation gut für den Finanzmarkt sind oder die Effizienzmarkthypothese durch die Symbiose von Momentum- und Value-Strategien einerseits sowie den Begriff der Entropie in Systemen andererseits in einem neuen Licht gesehen werden kann, können mithilfe der evolutorischen Finanzökonomie auf einen neuen Kenntnisstand gehoben werden.

Ebenso wird gezeigt, dass verschiedene institutionelle Teilnehmer des Finanzmarktes und deren Verhaltensweisen zielführend durch evolutorische Annahmen bzw. Denkansätze analysiert werden können. Für Investoren, Unternehmen oder die Aufsicht ergeben sich dadurch neue Handlungsmöglichkeiten, um sich im System des Finanzmarktes erkenntnisleitender zu bewegen.

Es bleibt zu hoffen, dass durch die Verknüpfung von Biologie und Ökonomie die Zukunft und das Verständnis der Finanzökonomie weiter verbessert wird. Dazu kann auch die Integration der Erkenntnisse aus dem Buch in die akademische Lehre beitragen.

Was Sie aus diesem *essential* mitnehmen können

- Die Evolutorische Finanzökonomie kann als eine Art Synthese bisheriger Finanzmodelle gesehen werden
- Die Erkenntnisse der Evolutorischen Finanzökonomie lassen sich auf Institutionen am Finanzmarkt übertragen

Literatur

Aikman, D., Galesic, M., Gigerenzer, G., & Kapadia, S. (2014). *Taking uncertainty seriously: Simplicity versus complexity in financial regulation*, financial Stability Paper No. 28, Bank of England.

Akerlof, G. (1970). The market for lemons: Quality uncertainty and market mechanism. *Quarterly Journal of Economics, 84*(3), 488–500.

Alchian, A. (1950). Uncertainty, evolution and economic theory. *The Journal of Political Economy, 58*(3), 211–221.

Alchian, A., & Demsetz, H. (1972). Production, information cost and economic organization. *The American Economic Review, 62*(5), 777–795.

Aldrich, H., Hodgson, G., Hull, D., Knudsen, T., Mokyr, J., & Vanberg, V. (2008). *In defense of generalized Darwinism*, Working Paper. University of North Carolina.

Ammous, S. (2018). *The Bitcoin Standard: The Decentralized Alternative to Central Banking*. Wiley.

Antonopoulos, A. (2014). *Mastering bitcoin: Unlocking digital cryptocurrencies*. O'Reilly.

Anufriev, M., & Dindo, P. (2010). Wealth-Driven selection in a financial market with heterogeneous agents. *Journal of Economic Behavior & Organization, 73*(3), 327–358.

Asness, C., Moskowitz, T., & Pedersen, L. H. (2013). Value and momentum everywhere. *Journal of Finance, 68*(3), 929–985.

Baltussen, G. (2009). *Behavioral finance: An introduction*, Working Paper. New York: Stern School of Business.

Barber, B., & Odean, T. (2002). Online investors: Do the slow die first? *Review of Financial Studies, 15*(2), 455–488.

Barberis, N., & Thaler, R. (2003). A survey of behavioral finance. In G. M. Constantinides, M. Harris, & R. M. Stulz (Hrsg.), *Handbook of the economics of finance* (1. Aufl., Bd. 1, Chapter 18, S. 1053–1128). Elsevier

Benston, G., & Smith, C. (1976). A transactions cost approach to the theory of financial intermediation. *Journal of Finance, 31*(2), 215–231.

Black, F., & Scholes, M. (1973). The pricing of options and corporate liabilities. *Journal of Political Economy, 81*(3), 637–654.

Blüchel, K., & Sieger, H. (2009). *Krisenmanagerin Natur*. DWC Medien.

Blume, L., & Easley, D. (1992). Evolution and market behavior. *Journal of Economic Theory, 58*(1), 9–40.

Brock, W. A., & Hommes, C. (1998). Heterogeneous beliefs and routes to chaos in a simple asset pricing model. *Journal of Economic Dynamics and Control, 22*(8–9), 1235–1274.

Camerer, C. (1989). Bubbles and fads in asset prices. *Journal of Economic Surveys, 3*(1), 3–41.

Campbell, J. (2000). Asset pricing at the millennium. *Journal of Finance, 55*(4), 1515–1567.

Campbel, T. l., & Kracaw, W. (1980). Information production, market signalling and the theory of financial intermediation. *Journal of Finance, 35*(4), 863–882.

Chohan, U. (2017). *Initial Coin Offerings (ICOs): Risks, regulation, and accountability,* Working Paper. UNSW Business School.

Chou, R., & Wang, Y. (2011). A test of the different implications of the overconfidence and disposition hypotheses. *Journal of Banking and Finance, 35*(8), 2037–2046.

Coase, R. (1937). The nature of the firm. *Economica, 4*(16), 386–405.

Coase, R. (1998). The New institutional economics. *American Economic Review, 88*(2), 72–74.

Darwin, C. (1859). *The origin of species by means of natural selection.* John Murray.

DeBondt, W., & Thaler, R. (1985). Does the stock market overreact ? *Journal of Finance, 40*(3), 793–805.

DeBondt, W., & Thaler, R. (1987). Further evidence on investor overreaction and stock market seasonality. *Journal of Finance, 42*(3), 557–581.

De Bondt, W., & Thaler, R. (1989). Anomalies: A mean-reverting walk down wall street. *Journal of Economic Perspectives, 3*(1), 189–202.

Dominguez, J., Garcia, R., & Salem, A. (2019). *Creation and evolution of the cryptocurrency market, Wirtschaft und Management* (Bd. 27, S. 7–24). Fachhochschule BFI Wien.

Dopfer, K. (2007). *Grundzüge der Evolutionsökonomie – Analytik, Ontologie und theoretische Schlüsselkonzepte,* Working Paper No. 2007–10. University of St. Gallen Department of Economics.

Ebers, M., & Gotsch, W. (1999). Institutionenökonomische Theorien der Organisation. In A. Kieser (Hrsg.), *Organisationstheorien,* (3. Aufl., S. 199–251). Kohlhammer.

Evstigneev, I., Hens, T., & Schenk-Hoppé, K. R. (2002). Market selection of financial trading strategies: Global stability. *Mathematical Finance, 12*(4), 329–339.

Evstigneev, I., Hens, T., & Schenk-Hoppé, K. R. (2006). Evolutionary stable stock markets. *Ecoonomic Theory, 27*(2), 449–468.

Evstigneev, I., Hens, T., & Schenk-Hoppé, K. R. (2008). Globally evolutionarily stable portfolio rules. *Journal of Economic Theory, 140*(1), 197–228.

Fama, E. (1965). The behavior of stock market prices. *Journal of Business, 38*(1), 34–105.

Fama, E. (1970). Efficient capital markets: A review of theory and empirical work. *Journal of Finance, 25*(2), 383–417.

Fama, E. (1976). Efficient capital markets: Reply. *Journal of Finance, 31*(1), 143–145.

Fama, E. (1991). Efficient capital markets: II. *Journal of Finance, 46*(5), 1575–1617.

Fama, E. (2014). Two pillars of asset pricing. *American Economic Review, 104*(6), 1467–1485.

Farmer, J. (1998). *Market force, ecology and evolution,* Working Paper. Santa Fe Institute.

Farmer, J., & Lo, A. (1999). Frontiers of finance: Evolution and efficient Markets. *National Academy of Science USA, 96*(18), 9991–9992.

Festinger, L. (1957). *A theory of cognitive dissonance*. Stanford University Press.

Föllmer, H., Horst, U., & Kirman, A. P. (2005). Equilibria in financial markets with heterogeneous agents: A probabilistic perspective. *Journal of Mathematical Economics, 41*(1–2), 123–155.

Furubotn, E., & Richter, R. (2000). *Institutions and economic theory*. University of Michigan Press.

Goetzmann, W., & Kumar, K. (2008). Equity portfolio diversification. *Review of Finance, 12*(3), 433–463.

Gozman, D., Liebenau, J., & Mangan, J. (2018). Innovation mechanisms of fintech start-ups: Insights from SWIFT Innotribe competition. *Journal of Management Information System, 35*(1), 145–179.

Gustaffson-Wright, G., Gardiner, S., & Putcha, V. (2015). *The potential and limitations of impact bonds: Lessons from the first five of experience worldwide*. Report.

Haddad, C., Hornuf, L. (2016). *The emergence of the global fintech market: Economic and technological determinants*, Working Paper. Universität Trier, No. 10/16.

Hayek, A. F. (1937). Economics and knowledge. *Economica, 4*(13), 33–54.

Hayek, A. F. (1945). The use of knowledge in aociety. *American Economic Review, 35*(4), 519–530.

Hayek, A. F. (1973). *Law, Legislation and Liberty* (Bd. I). University of Chicago Press.

Hayek, A. F. (1994). *Freiburger Studien* (2. Aufl.). Mohr Siebeck.

Hein, E., Horn, G., & Joebkes, H. (2008). *Finanzmarktkrise: Erste Hilfe und langfristige Prävention, Institut für Makroökonomie und Konjunkturforschung*. Hans-Böckler-Stiftung.

Heinrich, G. (2007). *Allgemeine Systemanalyse*. Oldenbourg.

Hens, T. (2012). *Wann Momentum, wann Value?* Working paper. Universität Zürich.

Hens, T., Schenk-Hoppé, K. R., & Stalder, M. (2002). An application of evolutionary finance to firms listed in the Swiss Market index. *Swiss Journal of Economics and Statistics, 138*(4), 465–487.

Hens, T., & Schenk-Hoppé, K. R. (2005a). Evolutionary Finance: Introduction to the Special Issue. *Journal of Financial Mathematics, 41*(1–2), 1–5.

Hens, T., & Schenk-Hoppé, K. R. (2005). Evolutionary stability of Portfolio rules in incomplete markets. *Journal of Financial Mathematics, 41*(1–2), 43–66.

Herrmann-Pillath, C. (2002). *Grundriß der Evolutionsökonomik*. Utb.

High, J., & Pearce, J. (1993). Regulation as an entrepreneurs' process. *Journal of Private Enterprise, 9*(2), 39–49.

Hirshleifer, D. (2001). Investor psychology and Asset Pricing. *Journal of Finance, 56*(4), 1533–1597.

Hirshleifer, J. (1977). Economics from a biological viewpoint. *Journal of Law and Economics, 20*(1), 1–52.

Hodgson, G. (2004). *The evolution of institutional economics: Agency, structure and Darwinism in American Institutionalism*. Routledge.

Hofbauer, J., & Sigmund, K. (1998). *Evolutionary games and population dynamics*. Cambridge University Press.

Holtfort, T. (2013). *Moderne Finanzanalyse: Von der Fundamentalanalyse zur Biofinance* (2. Aufl.). Eul.

Holtfort, T., Horsch, A., & Oehmichen, M. (2018). *Social impact bonds as a financial innovation: An evolutionary approach*.

Jegadeesh, N., & Titman, S. (1993). Returns to buying winners and selling losers: Implications for stock market efficiency. *Journal of Finance, 48*(1), 65–91.

Jensen, M., & Meckling, W. (1976). Theory of the firm: Managerial behavior, agency costs and ownership structure. *Journal of Financial Economics, 3*(4), 305–360.

Kahneman, D. (2011). *Thinking fast and slow.* Penguin.

Kahneman, D., & Tversky, A. (1979). Prospect theory: An analysis of decision under risk. *Econometrica, 47*(2), 263–291.

Kahneman, D., & Tversky, A. (1984). Choices, values and frames. *American Psychologist, 39*(4), 341–350.

Kirman, A. (2010). The economic crisis is a crisis for economic theory. *CESifo Economic Studies, 56*(4), 498–535.

Knippers, R. (1997). *Molekulare Genetik.* Thieme.

Langlois, R. (1986). Rationality, institutions, and explanation. In R. Langlois (Hrsg.), *Economics as a process: Essays in the new institutional economics.* Cambridge University Press.

LeBaron, B. (2000). Agent based computational finance: Suggested readings and early research. *Journal of Economic Dynamics and Control, 24*(5–7), 679–702.

Leland, H., & Pyle, D. (1977). Informational asymmetries, financial structure and financial intermediation. *Journal of Finance, 32*(2), 371–387.

LeRoy, S. (1976). Efficient capital markets: Comment. *Journal of Finance, 31*(1), 139–141.

Li, X., & Wang, A. (2017). The technology and economic determinants of crypto-currency exchange rates: The case of bitcoin. *Decision Support Systems, 95,* 49–60.

Lintner, J. (1965). The valuation of risk assets on the selection of risky investments in stock portfolios and capital Budgets. *Review of Economics and Statistics, 47*(1), 13–37.

Lo, A. (2004). The adaptive markets hypothesis: Market efficiency from an evolutionary perspective. *Journal of Portfolio Management, 30*(5), 15–29.

Lo, A. (2005). Reconciling efficient markets. *Journal of Investment Consulting, 7*(2), 21–44.

Lo, A. (2017). *Adaptive markets: Financial evolution at the speed of thought.* Princeton University Press.

Lux, T., & Marchesi, M. (2000). Volatility clustering in financial markets. *International Journal of Theoretical and Applied Finance, 3*(4), 675–702.

Malkiel, B. (1992). Efficient Market Hypothesis. In P. Newman, M. Milgate, & J. Eatwell (Hrsg.), *New Palgrave dictionary of money and finance.* Macmilian.

Malkiel, B. (2003). The efficient market hypothesis and its critics. *Journal of Economic Perspectives, 17*(1), 59–82.

Markowitz, H. (1952). Portfolio selection. *Journal of Finance, 7*(1), 77–91.

Marshall, A. (1898). Distribution and exchange. *The Economic Journal, 8*(29), 37–59.

Menger, C. (1871). *Principles of economics.* Braumüller.

Menger, C. (1883). *Investigations into the method of the social science with special reference to economics.* Duncker & Humboldt.

Merton, R. (1973). Theory of rational option pricing. *The Bell Journal of Economics and Management Science, 4*(1), 141–183.

Munday, S., Hu, W., True, T., & Zhang, J. (2018). *Performance of private credit funds,* Working paper. Institute for Private Capital.

Mirowski, P. (1983). Review of an evolutionary theory of economic change. *Journal of Economic Issues, 17*(3), 757–768.

Mises, L. (1940). *Nationalökonomie: Theorie des Handelns und Wirtschaftens.* Editions Union Genf.

Mises, L. (1949). *Human action: A treatise on economics.* Yale University Press.

Müller, H. (1991). *Ökologie* (2. Aufl.). Gustav Fischer.

Murstein, B. (2003). Regression tot he mean: One of the most neglected but important concepts in the stock market. *Journal of Behavioral Finance, 4*(4), 234–237.

Nakamoto, S. (2007). *Bitcoin: A peer-to-peer electronic cash system,* Working Paper. Bitcoin Foundation.

Nelson, R., & Winter, S. (1982). *An evolutionary theory of economic change.* Belknap Press.

Nelson, R., & Winter, S. (2002). Evolutionary theorizing in economics. *Journal of Economic Perspectives, 16*(2), 23–45.

Nicholls, A., & Tomkinson, E. (2013). *The Peterborough pilot social impact bond.* Oxford University.

Nik, M., & Maheran, M. (2009). Behavioral finance vs traditional finance. *Advanced Management Journal, 2*(6), 1–10.

North, D. (1978). Structure and performance: The task of economic history. *Journal of Economic Literature, 16*(3), 963–978.

North, D. (1990). *Institutions.* Cambridge University Press.

Odean, T. (1999). Do Investors trade too much? *American Economic Review, 89*(5), 1279–1298.

Oehler, A. (1992). Anomalien. *Irrationalitäten oder Biases der Erwartungsnutzen-theorie und ihre Relevanz für die Finanzmärkte, Zeitschrift für Bankrecht und Bankwirtschaft, 4*(2), 97–124.

Palmer, R., Arthur, W., Holland, J., LeBaron, B., & Tayler, P. (1994). Artificial economic life: A simple model of a stockmarket. *Physica D: Nonlinear Phenomena, 75*(1–3), 264–274.

Penrose, E. (1952). Biological analogies in the theory of the firm. *American Economic Review, 42*(5), 804–819.

Porter, M. (1980). *Competitive strategy: Techniques for analyzing industries and competitors.* Free Press.

Richter, R., & Furubotn, E. (2003). *Neue Institutionenökonomik: Eine Einführung und kritische Würdigung.* Mohr Siebeck.

Rosenberg, A. (1994). Does evolutionary theory give comfort or inspiration to economics? In P. Mirowski (Hrsg.), *Natural images in economic thought: Markets read in tooth and claw* (Chapter 15, S. 384–407), Cambridge M.A.

Ross, S. (1973). The economic theory of agency: The principal's problem. *American Economic Review, Papers and Proceedings, 63*(2), 134–139.

Roßbach, P. (2001). *Behavioral Finance: Eine Alternative zur vorherrschenden Kapitalmarkt-theorie?* Working Paper. Hochschule für Bankwirtschaft, No. 31.

Schamp, E. (2012). Evolutionäre Wirtschaftsgeographie: Eine kurze Einführung in den Diskussionsstand. *Zeitschrift für Wirtschaftsgeographie, 56*(3), 121–128.

Schilke, O., & Reiman, M. (2007). Neuroökonomie: Grundverständnis. Methoden und betriebswirtschaftliche Anwendungsfelder. *Journal für Betriebswirtschaft, 57,* 247–262.

Schmidt, R. (1981). Grundformen der Finanzierung: Eine Anwendung des neo-institutionalistischen Ansatzes der Finanzierungstheorie. *Kredit und Kapital, 14*(2), 186–221.

Schneider, D. (2002). Vorläufer Evolutorischer Ökonomik in der Mikroökonomie und Betriebswirtschaftslehre. In M. Lehmann-Waffenschmidt (Hrsg.), *Studien zur Evolutorischen Ökonomik V: Theoretische und Empirische Beiträge zur Analyse des wirtschaftlichen Wandels* (Bd. 195/V), Duncker & Humblot.

Schumpeter, J. (1911). The theory of economic development: An inquiry into profits, capital, credit, interest and the business cycle. *Harvard Economic Studies*.

Schumpeter, J. (1934). The theory of economic development: An inquiry into profits, capital, credit, interest and the business cycle. *Harvard Economic Studies*.

Schumpeter, J. (1942). *Capitalism, socialism and democracy.* Harper & Row.

Sewell, M. (2012). The efficient market hypothesis: Empirical evidence. *International Journal of Statistics and Probability, 1*(2), 164–178.

Shannon, C. (1948). A mathematical theory of communication. *The Bell System Technical Journal, 27*, 379–423.

Sharpe, W. (1964). Capital asset prices: A theory of market equilibrium under conditions of risk. *Journal of Finance, 19*(3), 425–442.

Shefrin, H. (2000). *Beyond greed and fear – Understanding behavioral finance and the psychology of investing.* Harvard Business School Press.

Shefrin, H., & Statman, M. (1985). The disposition to sell winners too early and ride losers too long: Theory and evidence. *Journal of Finance, 40*(3), 777–790.

Shiller, R. (2000). *Irrational exuberance.* Princeton University Press.

Shiller, R. (2000). Measuring bubble expectations and investor confidence. *The Journal of Psychology and Financial Markets, 1*(1), 49–60.

Shiozawa, Y. (2004). Evolutionary economics in the 21 century: A manifesto. *Evolutionary and Institutional Economics Review, 1*(1), 5–47.

Simon, H. (1955). A behavioral model of rational choice. *The Quarterly Journal of Economics, 69*(1), 99–118.

Finance, S. (2010). *Social impact bonds – Unlocking investment in rehabilitation.* Report.

Finance, S. (2016). *Social impact bonds – The early years.* Report.

Spremann, K. (1988). Reputation, garantie, information. *Zeitschrift für Betriebswirtschaft, 58,* 613–629.

Statman, M. (1997). Behavioral finance: Past battles and future engagements. *Financial Analysts Journal, 55*(6), 18–27.

Stierstadt, K., & Fischer, G. (2010). *Thermodynamik: Von der Mikrophysik zur Makrophysik.* Springer.

Streit, M., Mummert, U., & Kiwit, D. (1997). Views and comments on cognition, rationality, and institutions. *Journal of Institutional and Theoretical Economics, 153,* 688–692.

Stulz, R. (2019). FinTech, BigTech, and the future of banks. *Journal of Applied Corporate Finance, 31*(4), 86–97.

Taleb, N. (2007). *The black swan: The impact of the highly improbable.* Random House.

Taleb, N. (2012). *Antifragility: Things that gain from disorder.* Penguin.

Tapscott, D., & Tapscott, A. (2016). *Blockckain revolution: How the technology behind bitcoin is changing money, Business and the world.* Portfolio.

Tversky, A., & Kahneman, D. (1973). Availability: A heuristic For judging frequency and probability. *Cognitive Psychology, 5*(2), 207–232.

Tversky, A., & Kahneman, D. (1974). Judgment under uncertainty: Heuristics and biases. *Science, 185*(4157), 1124–1131.

Veblen, T. (1898). Why is economics not an evolutionary science. *The Quarterly Journal of Economics, 12*(4), 373–397.

Volterra, V. (1990). *Lecons sur la Theorie Mathematique de la Lutte pour la Vie*. Editions Jaques Gabay.

Weber, M., & Scheck, B. (2012). *Impact investing in Deutschland, Bestandsaufnahme und Handlungsanweisungen zur Weiterentwicklung, Arbeitspapier im Auftrag der Bertelsmann Stiftung*.

Williamson, O. (1975). *Markets and hierarchies*. Free Press.

Williamson, O. (1996). The mechanisms of governance. *The Business History Review, 70*(4), 594–596.

Winter, S. (1987). Natural selection and evolution. In J. Eatwell, M. Milgate, & P. Newman (Hrsg.), *The new Palgrave dictionary of economics* (Bd. 3, S. 614–617). Macmillan.

Witt, U. (1987). *Individualistische Grundlagen der evolutorischen Ökonomik*. Mohr Siebeck.

Witt, U. (1999). Bioeconomics as economics from a Darwinian perspective. *Journal of Bioeconomics, 1*(1), 19–34.

Witt, U. (2003). *The evolving economy: Essays on the evolutionary approach to economics*. Elgar.

Witt, U. (2004). On the proper interpretation of evolution in economics and its implications for production theory. *Journal of Economic Methodology, 11*(2), 125–146.

Witt, U. (2008). What is specific about evolutionary economics? *Journal of Evolutionary Economics, 18*(5), 547–575.

Wright, S. (1932). *The roles of mutation, inbreeding, crossbreeding and selection in evolution*, Proceedings of the Sixth International Congress on Genetics, S. 355–366.

Zweig, J. (2007). *Gier: Neuroökonomie*, Carl Hanser Verlag.

Printed by Printforce, the Netherlands